· ANIMAUX ILLUSTRÉS ·

Phoque annelé

Avis aux lecteurs: pour savoir comment prononcer les mots en inuktitut qui figurent dans ce livre et découvrir cette langue, visitez le www.tusaalanga.ca/fr.

Projet dirigé par Audrey Chapdelaine

Traduction: Olivier Bilodeau
Conception graphique et mise en pages: Fedoua El Koudri
Révision linguistique: Sabrina Raymond
Illustrations: Sara Otterstätter

Québec Amérique
7240, rue Saint-Hubert
Montréal (Québec) Canada H2R 2N1
Téléphone: 514 499-3000

Nous reconnaissons l'aide financière du gouvernement du Canada.

Nous remercions le Conseil des arts du Canada de son soutien.
We acknowledge the support of the Canada Council for the Arts.

Nous tenons également à remercier la SODEC pour son appui financier. Gouvernement du Québec – Programme de crédit d'impôt pour l'édition de livres – Gestion SODEC.

Catalogage avant publication de Bibliothèque et Archives nationales du Québec et Bibliothèque et Archives Canada

Titre: Phoque annelé / William Flaherty; illustrations, Sara Otterstätter; traduction, Olivier Bilodeau.
Autres titres: Ringed seal. Français
Noms: Flaherty, William, auteur. | Otterstätter, Sara, illustrateur.
Description: Mention de collection: Animaux illustrés | Documentaires jeunesse | Traduction de: Ringed seal.
Identifiants: Canadiana (livre imprimé) 20220027900 | Canadiana (livre numérique) 20220027919 | ISBN 9782764449820 | ISBN 9782764449837 (PDF)
Vedettes-matière: RVM: Phoque annelé—Ouvrages pour la jeunesse. | RVMGF: Albums documentaires.
Classification: LCC QL737.P64 F5314 2023 | CDD j599.79/2—dc23

Dépôt légal, Bibliothèque et Archives nationales du Québec, 2023
Dépôt légal, Bibliothèque et Archives du Canada, 2023

Phoque annelé

· ANIMAUX ILLUSTRÉS ·
Phoque annelé

Par William Flaherty • Illustrations de Sara Otterstätter

QuébecAmérique

Table des matières

Le phoque annelé

Le phoque annelé vit dans les océans circumpolaires du Nord, c'est-à-dire dans la partie supérieure de la Terre, où se trouve entre autres l'Arctique canadien. Sa fourrure est foncée sur son dos et claire sur son ventre. Son pelage dorsal est aussi marqué d'anneaux clairs, d'où son nom. La fourrure foncée à motifs du phoque annelé lui permet de se dissimuler dans les eaux sombres de l'océan pour ne pas être vu par les prédateurs qui se trouvent au-dessus de lui.

Le phoque annelé est la variété de phoque la plus répandue au Nunavut et est la plus petite espèce de phoques de l'Arctique. Il fait environ 1,5 mètre de long et peut peser jusqu'à 68 kilogrammes.

Apprenons-en davantage sur le phoque annelé !

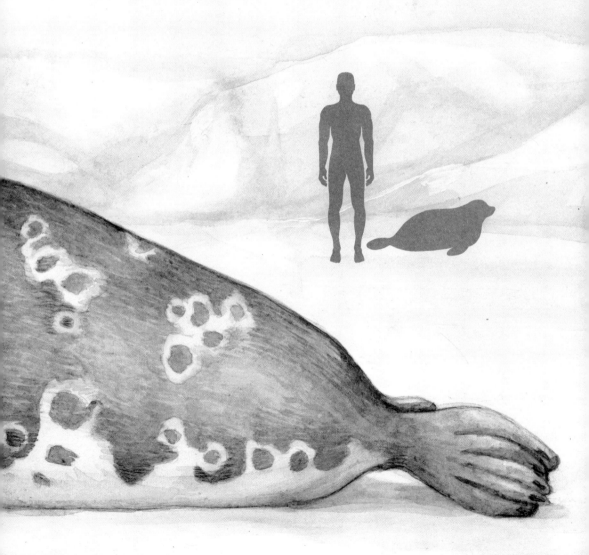

Répartition et habitat

On retrouve le phoque annelé dans toute la partie nord de la planète, soit dans l'Arctique canadien, en Alaska, au Groenland et dans l'Arctique européen. Le phoque arctique passe la majorité de son temps sur la banquise et dans l'océan. S'il se prélasse rarement sur les rivages, on l'y aperçoit de plus en plus souvent. Il vit habituellement seul et ne rejoint ses semblables que pour s'accoupler.

Le phoque annelé passe toute l'année dans les eaux arctiques. Plus on monte dans l'Arctique, plus il y a de phoques annelés, et les spécimens vivant le plus au nord de leur habitat ont tendance à être plus gros que ceux vivant au sud.

Squelette

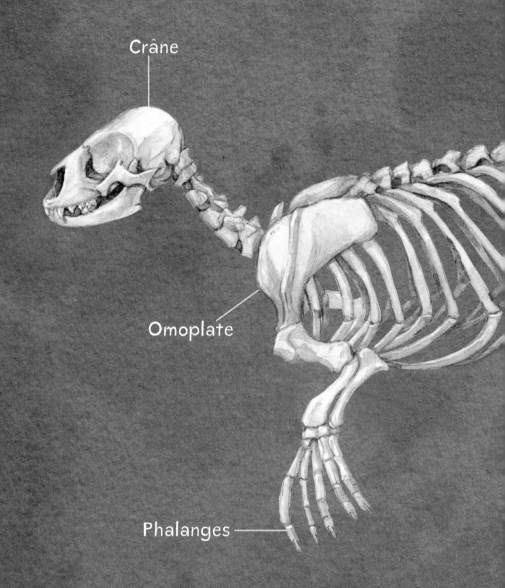

Crâne

Omoplate

Phalanges

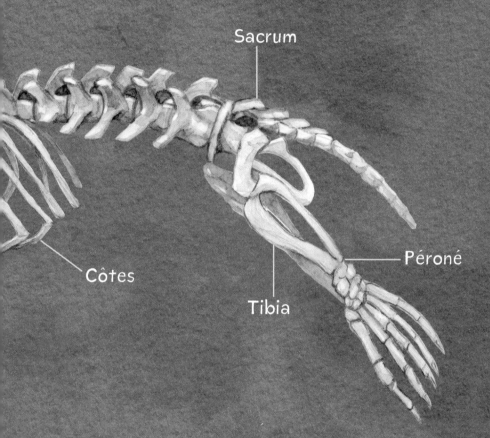

Sacrum

Côtes

Tibia

Péroné

Griffes

Le phoque annelé est extrêmement doué pour creuser! Il utilise les griffes épaisses et résistantes qui se trouvent au bout de ses nageoires avant pour faire des trous dans la glace afin de respirer. Quand la glace se forme à l'automne, le phoque annelé la creuse pour garder ses trous d'aération ouverts à mesure que la couche de glace s'épaissit.

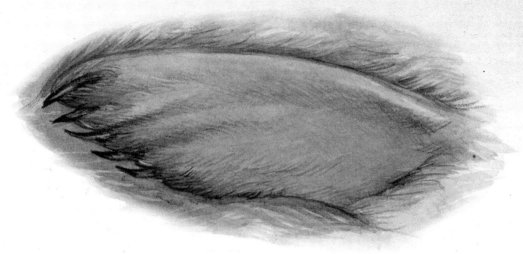

Nageoires

Quand un phoque annelé a fini de percer un trou d'air, il l'empêche de se refermer en s'y glissant régulièrement pour aller respirer. L'eau projetée par le passage du phoque dans l'ouverture crée une mince couche de glace qui s'élève au-dessus du trou et lui donne l'apparence d'un cône.

Trou d'aération

Graisse

Comme les autres mammifères marins, le phoque annelé est recouvert d'une épaisse couche adipeuse que l'on appelle la « graisse ». Cette graisse garde le phoque annelé au chaud dans l'eau froide de l'océan Arctique. Elle contient aussi des protéines et des gras essentiels à l'animal.

Quand un phoque annelé n'arrive pas à trouver de nourriture, il peut survivre grâce aux protéines et aux gras que contient sa graisse. De plus, la graisse du phoque annelé l'aide à flotter dans l'eau.

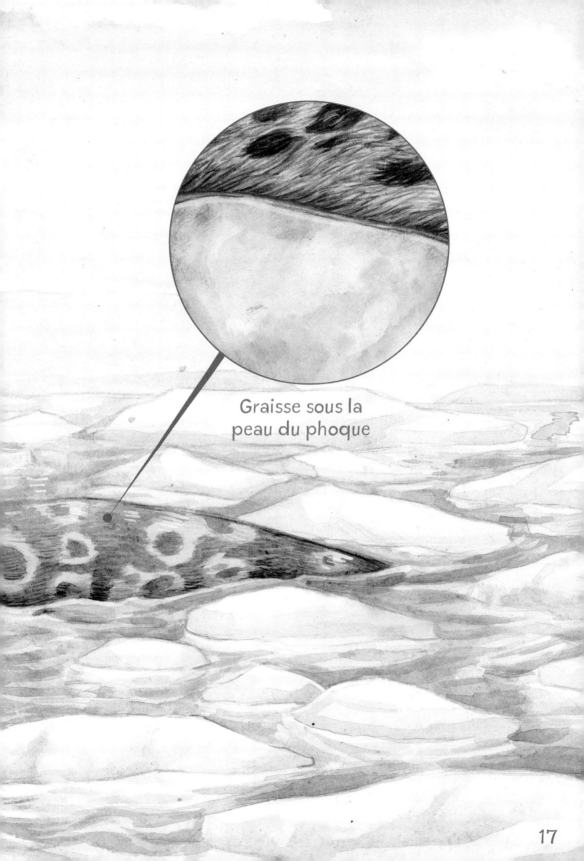

Graisse sous la
peau du phoque

Alimentation

Le phoque annelé est un carnivore qui plonge pour attraper sa nourriture. Il se nourrit de morue, de crevettes ainsi que d'autres types de poissons et de petits animaux marins.

Le phoque annelé plonge à des profondeurs impressionnantes pour trouver sa nourriture dans l'océan. Capable de descendre 46 mètres sous la surface, il peut rester sous l'eau jusqu'à 20 minutes avant de devoir respirer.

Morues

Crevettes

Petits

Le petit du phoque annelé s'appelle le «blanchon». Au Nunavut, les blanchons naissent pendant les mois d'hiver, soit de janvier à avril. La femelle accouche habituellement d'un blanchon à la fois.

Les petits du phoque annelé naissent dans une tanière de mise bas ou dans une sorte de nid aménagé dans la glace. Après avoir choisi une butte de neige à son goût située près de la glace brute, la maman phoque creuse une cavité en forme de dôme dans la neige.

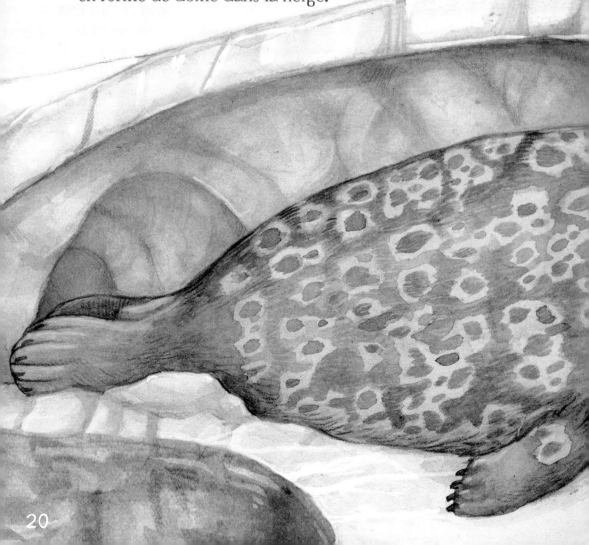

Sous ce dôme, elle fait un trou dans la glace pour pouvoir continuer à aller chercher de la nourriture sous l'eau.

Le blanchon reste avec sa mère dans la tanière pendant environ deux mois. Pendant ce temps, il boit du lait maternel, et il apprend à plonger peu de temps après sa naissance. Après ces deux mois, le blanchon n'a plus besoin du lait de sa mère ni d'aide pour vivre.

Prédateurs

Le phoque annelé est un aliment important pour beaucoup d'animaux de l'Arctique, et aussi pour l'humain. Partout dans l'Arctique, celui-ci le mange. Il l'attend près de ses trous d'aération pour le chasser.

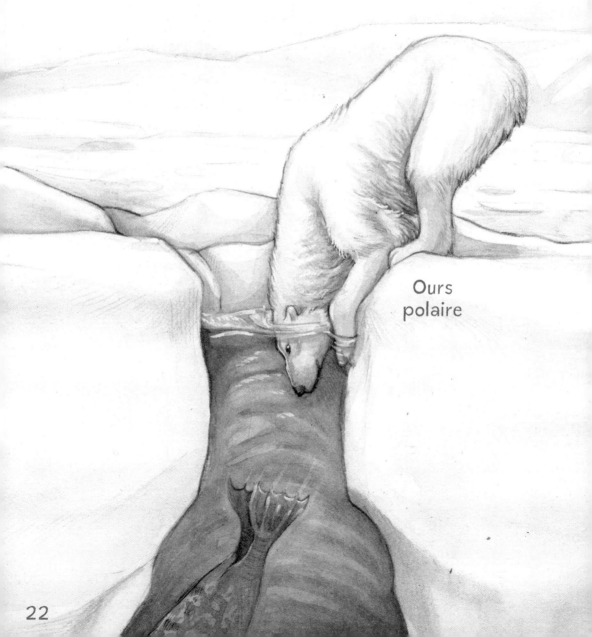

Ours polaire

Loups arctiques

Comme les humains, les ours polaires chassent aussi parfois le phoque annelé. Ces derniers passent leur tête par les trous d'aération pour l'attraper. Il arrive même que des loups le chassent sur la glace. Le renard arctique, lui, creuse des trous dans les tanières de mise bas pour chasser les petits blanchons.

Renard arctique

Intelligence

Le phoque annelé dispose de peu de moyens pour se protéger des prédateurs, mais il ne se laisse pas facilement attraper ! Les chasseurs le considèrent comme un animal très rusé qui sait se tenir loin du danger.

Pour chasser les phoques annelés qui se tiennent sur la glace au printemps, les chasseurs doivent utiliser une cache – un écran blanc qui les aide à se fondre au décor – afin d'éviter que les phoques ne les aperçoivent et se sauvent avant d'être abattus.

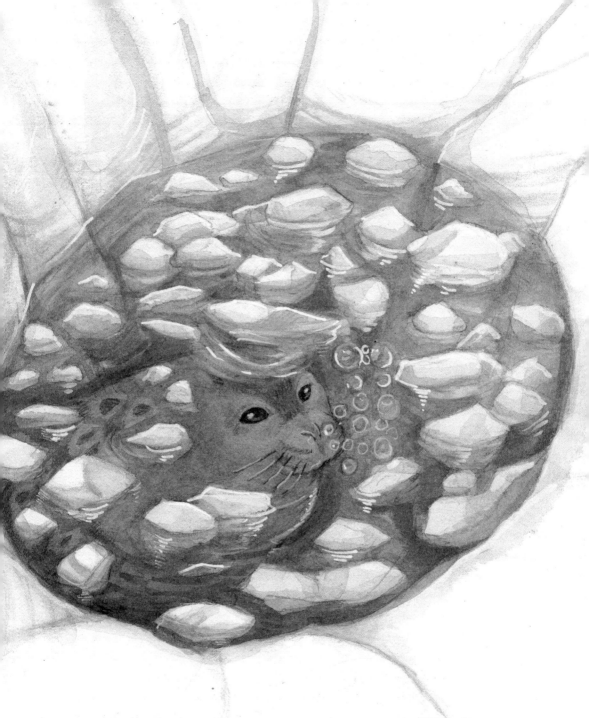

L'hiver, le phoque annelé va même jusqu'à souffler des bulles vers la surface de l'eau avant d'en sortir pour respirer afin de voir si un prédateur est à l'affût.

Usages traditionnels

Puisque le phoque annelé est l'espèce de phoque la plus commune au Nunavut, les Inuits l'utilisent pour faire beaucoup de choses !

Ragoût de phoque

La viande du phoque annelé peut se manger crue, frite ou bouillie avec des légumes et un assaisonnement. Les nageoires sont particulièrement savoureuses lorsqu'on les fait bouillir ou les laisse vieillir.

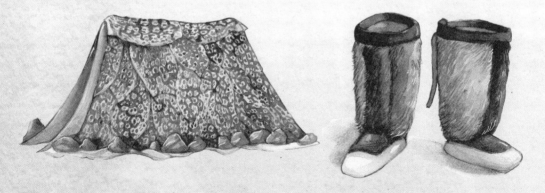

Tente en peau de phoque

Bottes en peau de phoque

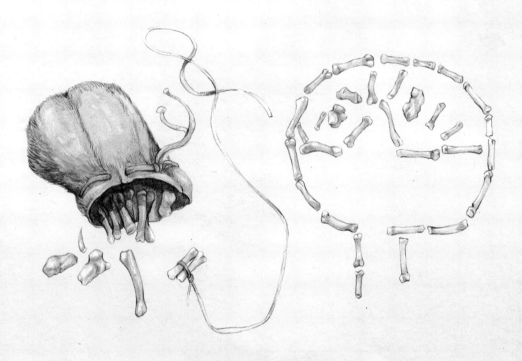

Jeux d'os de phoque

Les os de phoques annelés sont depuis très longtemps utilisés dans la fabrication de jeux et de jouets pour les enfants. Des os de nageoire étaient placés dans un sac (ou parfois dans une vieille mitaine) et les enfants devaient les sortir à l'aide d'un nœud coulant. Ensuite, chacun d'eux tentait de construire une hutte miniature avec les os qu'il avait attrapés. Un autre jeu était fait de deux os attachés par une ficelle, et le but était de faire passer le plus petit des deux dans le trou du plus grand.

La peau du phoque annelé était traditionnellement utilisée pour faire des vêtements, des bottes, des tentes, des seaux à eau, des sacs pour les chiens et beaucoup d'autres objets. Les vêtements faits de peau de phoque annelé servaient tout au long de l'année, mais surtout en été et à l'automne, car ils étaient plus minces que ceux en peau de caribou.

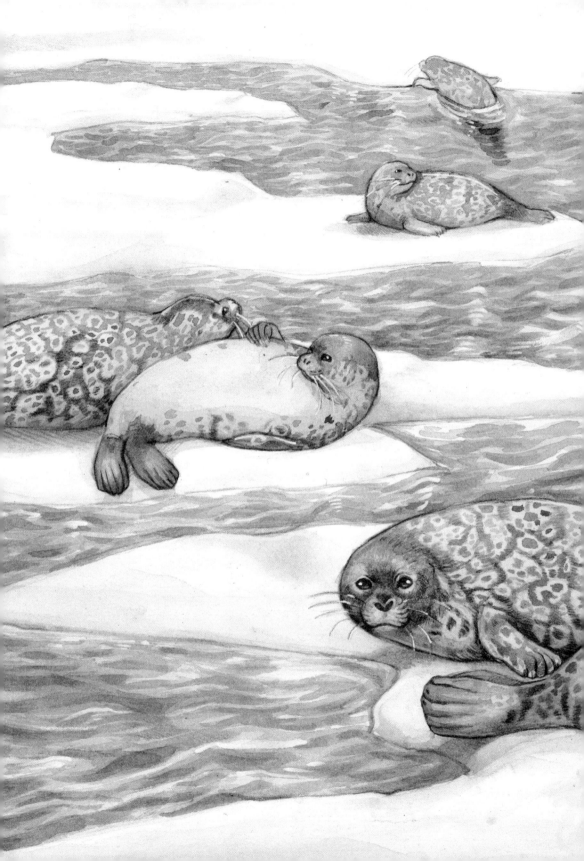

William Flaherty est un agent de conservation de la faune et un chasseur passionné qui fait régulièrement du bénévolat pour le service de recherche et de sauvetage d'Iqaluit. Il habite à Iqaluit, au Nunavut.

Sara Otterstätter a étudié l'illustration et le design graphique à l'Université des arts appliqués de Münster, en Allemagne. Depuis 2007, elle travaille comme illustratrice pigiste pour des maisons d'édition allemandes et étrangères. Son travail porte principalement sur les illustrations pédagogiques destinées aux enfants.

Dans la même série :

Baleine boréale

Bœuf musqué

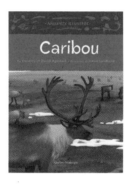

Caribou

Carcajou

Loup arctique

Morse

Narval

Ours polaire

Phoque annelé a été achevé d'imprimer en mars 2023
sur les presses de l'imprimerie Transcontinental, au Québec, Canada,
pour le compte des Éditions Québec Amérique.